It Doesn't

It Doesn't

It Doesn't

It Doesn't

It Doesn't

It Doesn't

It Doesn't

It Doesn't

It Doesn't

It Doesn't

It Doesn't

It Doesn't

It Doesn't

It Doesn't

It Doesn't

It Doesn't

It Doesn't

It Doesn't

It Doesn't

It Doesn't

It Doesn't

It Doesn't

It Doesn't

It Doesn't

It Doesn't

It Doesn't

It Doesn't

It Doesn't

It Doesn't

It Doesn't

It Doesn't

It Doesn't

It Doesn't

It Doesn't

It Doesn't

It Doesn't

It Doesn't

It Doesn't

It Doesn't

It Doesn't

It Doesn't

It Doesn't

It Doesn't

It Doesn't

It Doesn't

It Doesn't

It Doesn't

It Doesn't

It Doesn't

It Doesn't

It Doesn't

It Doesn't

It Doesn't

It Doesn't

It Doesn't

It Doesn't

It Doesn't

It Doesn't

It Doesn't

It Doesn't

It Doesn't

It Doesn't

It Doesn't

It Doesn't

It Doesn't

It Doesn't

It Doesn't

It Doesn't

It Doesn't

It Doesn't

It Doesn't

It Doesn't

It Doesn't

It Doesn't

It Doesn't

It Doesn't

It Doesn't

It Doesn't

It Doesn't

It Doesn't

It Doesn't

It Doesn't

It Doesn't

It Doesn't

It Doesn't

It Doesn't

It Doesn't

It Doesn't

It Doesn't

It Doesn't

It Doesn't

It Doesn't

It Doesn't

It Doesn't

It Doesn't

It Doesn't

It Doesn't

It Doesn't

It Doesn't

It Doesn't

It Doesn't

It Doesn't

It Doesn't

It Doesn't

It Doesn't

It Doesn't

It Doesn't

It Doesn't

It Doesn't

It Doesn't

It Doesn't

It Doesn't

It Doesn't

It Doesn't

It Doesn't

It Doesn't

It Doesn't

It Doesn't

It Doesn't

It Doesn't

It Doesn't

It Doesn't

It Doesn't

It Doesn't

It Doesn't

It Doesn't

It Doesn't

It Doesn't

It Doesn't

It Doesn't

It Doesn't

It Doesn't

It Doesn't

It Doesn't

It Doesn't

It Doesn't

It Doesn't

It Doesn't

It Doesn't

It Doesn't

It Doesn't

It Doesn't

It Doesn't

It Doesn't

It Doesn't

It Doesn't

It Doesn't

It Doesn't

It Doesn't

It Doesn't

It Doesn't

It Doesn't

It Doesn't

It Doesn't

It Doesn't

It Doesn't

It Doesn't

It Doesn't

It Doesn't

It Doesn't

It Doesn't

It Doesn't

It Doesn't

It Doesn't

It Doesn't

It Doesn't

It Doesn't

It Doesn't

It Doesn't

Made in the USA
Lexington, KY
05 December 2017